中华中医昆仑

祝谌予学术评传

张镜源◎主编

中国盲文出版社

图书在版编目（CIP）数据

祝谌予学术评传（大字版）/ 张镜源主编．—北京：中国盲文出版社，2015．12
（中华中医昆仑）
ISBN 978-7-5002-6755-3

Ⅰ．①祝… Ⅱ．①张… Ⅲ．①祝谌予（1914～1999）—评传 Ⅳ．①K826．2

中国版本图书馆 CIP 数据核字（2015）第 313552 号

祝谌予学术评传

主　　编：张镜源
责任编辑：张冬芝
出版发行：中国盲文出版社
社　　址：北京市西城区太平街甲 6 号
邮政编码：100050
印　　刷：北京华联印刷有限公司
经　　销：新华书店
开　　本：700×1000　1/16
字　　数：42 千字
印　　张：6．5
版　　次：2015 年 12 月第 1 版　2016 年 3 月第 2 次印刷
书　　号：ISBN 978-7-5002-6755-3/K・399
定　　价：12．00 元
销售服务热线：（010）83190297　83190289　83190292

丛书编委会

前　言

中医药是中华民族的伟大创造，是世界医学宝库中的夺目瑰宝，数千年来为中华民族的繁衍昌盛作出了巨大的不可磨灭的贡献，至今仍是中国医药卫生事业不可分割的重要组成部分，在维护民族体魄康健、促进经济社会发展中发挥着不可替代的作用。

中医药学，是中华传统文化和科技文明的结晶，是勤劳聪慧的中华儿女在几千年生产生活实践中，在与疾病作斗争的过程中，创造的独具特色的医学科学体系。它有着浓郁的民族特色、深厚的文化底蕴和丰富的哲学内涵。经过一代又一代中医药传人、一辈又一辈名医大家的实践探索、薪火传承、总结完善、创新发展，逐步形成了系统的理论体系、独特的诊疗方法、丰富的医学内容、实用的制药技术。具有疗效确切、用药安全、应诊灵活、普适简廉和预防保健作用显著的巨大优势，在世界医学之林独树一帜，为人类的文明进步与医疗保健事业，已经并正在作出积极的贡献。

为了弘扬中华民族传统文化，彰显中医药学家的丰功伟绩，当代中医药发展研究中心与中国文学艺术界联合会、国家中医药管理局新闻办公室、中华中医药学会、中国中医科学院、北京中医药大学、世界中医药学会联合会等精诚合作，在国家中医药管理局的支持和指导下，为中华近现代百年来贡献卓著、深受敬仰的150位中医药学家，编撰出版了这部大型传记丛书。丛书采用评传体裁，记载他们的生平事迹、医术专长、学术思想、传承教育、医风医德、养生之道和突出贡献，使这些宝贵的医学成就和精神财富发扬光大，千古流芳。

从书取名《中华中医昆仑》。昆仑山，被尊为“万山之祖”，柱西北而瞰东南，立中国而凭世界，凌驾乾坤，巍然屹立。以其高峻豪迈、绵延起伏的磅礴气势，寓意中华中医药学历史悠久、博大精深和永不衰竭；以其挺拔雄伟、高耸入云的恢弘气魄，彪炳一代中医药学家的丰功伟绩、杰出贡献和不朽勋业。

从书入选传主，从全国范围推荐遴选，遍及中医药界各个领域。有临床家、理论家、药学家、教育家、医史文献学家；有名师亲授、世医家教、学派传人、院校毕业和自学成才者；有师徒并驾、父子齐名和伉俪联袂者。他们学术造诣深厚、诊疗技术精湛、临床经验丰富、学科地位崇高、科研成果丰硕、医风医德高尚、国内外影响较大，从医学理论到临床实践，为中医药事业的传承和发展作出了突出贡献，是近现代百年来中华中医药界的杰出代表。

丛书的出版，对于弘扬中华文化，振兴中医药事业，造就中医药人才，普及中医药知识，具有重要的现实意义和深远的历史意义。这是一项开创性工作，填补了我国为著名中医药学家大规模撰写传记的空白；也是一项抢救性工作，因入选传主已仙逝过半，许多亲历、亲见、亲闻的史料日见散逸，将之收集整理、编撰成书，功垂后世、利国利民；更是一项承前启后的工作，总结传主经验，传承中医药伟业，继往开来，光耀世界医学之林。这部医文结合，富蕴历史性、学术性、文学性和实用性的鸿篇巨制，对医疗、卫生、科研、教育及全球关注中华中医药文化的各界人士，都有重要的参考和阅读价值。

丛书的编撰出版，是一项巨大的中医药文

化建设工程，在策划、撰写、编辑、出版过程中，自始至终得到了国家有关领导、政府部门及社会各界人士的关心和支持。国家中医药管理局高度重视，并组织专家对全书进行终审；数百名专家、学者亲临指导，参与规划；有关省、市、自治区卫生厅、局、中医局（处）给予大力帮助；传主及其亲属、弟子热情支持、密切配合；撰稿人深情满怀、辛勤笔耕；编审专家尽心竭力、精工细琢；关爱中医药事业的企业家热心公益、慷慨资助；全体工作人员不辞辛劳、无私奉献，这一切使丛书得以顺利出版。对此，我们深表谢意。

由于时间紧迫和资料搜集困难，加之水平有限，难免有疏误之处，敬请广大读者批评指正。

中华中医药学，历史悠久，源远流长，发端于远古，奔向于未来。百年对于历史，不过是短暂的瞬间；百人对于万众，不过是沧海一粟。然本丛书所记载的百年百人，则无疑是波澜壮阔的中医药发展史上辉煌的篇章和光芒闪烁的璀璨星辰。

张镜源

目录

我一生力主中西医结合，但中西医结合切记辨证论治。

——祝谌予

祝谌予（1914—1999），北京市人。著名中医教育家、中西医结合临床家。为首批全国老中医药专家学术经验继承工作指导老师，享受国务院政府特殊津贴。曾任中国中医药学会理事，中国中西医结合研究会副理事长，中国农工民主党中央委员会委员，中国农工民主党中央咨询监察委员会常务委员，中国农工民主党北京市委员会副主任委员、主任委员，中国人民政治协商会议全国委员会委员，政协北京市委员会副主席等职。

1955 年卫生部为培养国家高级中医人才，在中医研究院（现中国中医科学院）举办的

“西医学习中医研究班”担任教学工作。后调任卫生部直属北京中医学院（现北京中医药大学）第一任教务长，兼任金匮要略教研组组长。1971～1975年借调到中国医学科学院，主持开办了10期西医离职学习中医班。1975年任协和医院中医科主任，带教研究生，代培进修生。业余在家诊病时，以师带徒方式带教学生数十名。其学生遍布全国各地及海外，现皆已成为中医界的骨干力量，可谓桃李满天下。

祝谌予自1933年拜入施今墨门下学习中医，直到1999年逝世，临床实践和中医教学达65年。他被聘为中央保健局特约保健医，常为国家领导人出诊，也曾受政府委派出国为朝鲜领导人诊治；到中国香港，以及新加坡等地讲学时也常为当地政要人物诊病。仅1970～1989年，夜晚在家义务诊病就达5万多人次。1984～1999年利用业余时间，在其学生薛福玉开办的顺义国医院诊治患者无计其数。全国和北京市政协历次会议、外出讲学旅途等公务中都没有停止过诊病，甚至自己卧病在床，探望者也会要求诊脉。大量的临床，使得祝谌予积累了丰富的经验，许多疑难怪病，经他诊治都能应手而愈。一位患少见的“肝糖原蓄积症”的女患者，经祝谌予治疗，康复后出国留学；有一位几乎对所有粮食都过敏的特殊患者，经治疗恢复正常生活；令医生棘手的肝硬化腹水、帕金森症，经过祝谌予的治疗，也取得良好疗效。祝谌予在协和医院首创的中医糖尿病专科门诊，以及“活血化瘀”治疗糖尿病的方法，为众多的糖尿病患者带来福音。与西医糖尿病专家共同研究制订的“糖尿病分型和治疗方案”，更是中西医结合的典范。

祝谌予的学术思想概而言之是坚持辨证论治和中西医结合。在祝谌予随施今墨学习时期，就开始用西医病名、中医辨证编写《祝选施今墨医案》；中医出师后又留学日本攻读西医，立志要革新中医和走中西医结合道路。在祝谌予讲授《金匮要略》课程时，将自己对《金匮要略》的理解以及通过临床的验证，写成《金匮要略》讲稿，体现出他的革新思维及古方今用的端倪。祝谌予 1976 年 1 月在协和医院“西医离职学习中医班”开始讲授“古方今用”，在此之前尚无此提法，以后才见诸报刊、杂志，所以古方今用是可以和施氏药对相媲美的学术贡献。祝谌予重视活血化瘀，对唐容川、王清任的活血化瘀理论有所感悟，结合西医的化验手段，对活血化瘀法能够灵活运用，并率先运用于糖尿病的治疗。

祝谌予的学术思想是施今墨学术思想的继承和发展，他们一脉相承。学习研究祝谌予的学术思想，可以对学习和研究施今墨学术思想起到登堂入室的作用。他们倡导中西医结合，主张革新和发展中医理论，使中医更好地服务于社会。祝谌予在讲课、带教中，都是毫无保留地将自己的经验全盘托出，使得后学受益匪浅，深刻感受到祝谌予的一片丹心。

祝谌予在任中国农工民主党北京市委领导时，正值北京市医务人员短缺，医疗水平亟待提高，他与农工民主党内医务界同仁及市委的工作人员，克服各种困难，组织“医学讲座”100讲，对恢复和提高医疗水平，起到不可或缺的作用。在北京市政协会议上，提出《发展首都医药卫生事业的对策》，对北京市医药卫生工作提出了多项建议，起到了参政议政的作用。就任北京市政协副主席时，他积极建言献策，提出《我对北京中医中药管理体制改革的意见》等多项提案和建议，得到有关领导的重视和具体落实，推动了北京市中医药工作的发展，并对全国中医药工作的改革起到了良好的作用。

发奋刻苦　登堂入室

祝谌予，名续，字慎余（后改为谌予），1914年生于北京市。祝氏家族原为米商，为北平望族，阖族百余口，居于前门外打磨厂板井胡同一号，家业殷富。祝谌予19岁那年，素来体弱多病的母亲，有一天突然病情加重，壮热神昏，狂躁谵语，痛苦万状。因精神恍惚，甚至不认识家人。延请为母亲诊病的医生，都是当时有名的西医和中医，有些医生态度傲慢，诊费昂贵，屡治无效，家人心急如焚。后来请到施今墨诊治，几剂药服过便病情缓解，病有起色。施先生高明的医术使年轻的祝谌予十分钦佩。母亲的病再度复发时，适逢施先生去南京出诊，只得延请他医，每次服药后病情愈加严重。在母亲垂危之际，请某大夫来家出诊，诊后大夫双手一摊说："没药可救。"祝谌予兄弟跪倒在地，恳求施治，那位大夫冷着脸说："快给出诊费，我还要去别处。"收了钱旋即登车而去，母亲在病痛中一命归天。母亲的离去，祝谌予悲痛至极，也震撼极大，祝谌予心中发誓一定要当一个能真正治病救人的医生。古人云：为人父子者，不可以不知医。母亲去世时祝谌予在汇文中学高中尚未毕业，但他要学习中医的意志已决。在为母亲治病中，祝谌予看到诸医者参差不齐的医疗水平和医德，而施今墨仪态谦和，诊察细致，服施先生的药疗效显著。施今墨为京城四大名医之一，医德高尚，医术精湛，为北平城区民众所称誉。祝谌予笃志拜施今墨为师学习中医，施今墨欣然接受。拜师见面的那一天，施今墨慈祥、和蔼地详细询问了祝谌予的经历后，当即决定留在身边，收为第一个入门弟子。那一年祝谌予只有 19

岁，此后他在施今墨身旁问道求学，开始了他的杏林生涯。

施今墨临诊不问贵贱贫富，均尽力救治，每日门庭若市，求诊者摩肩接踵，日诊百余人次。祝谌予与师弟李介鸣、张遂初、张宗毅上午随侍施今墨门诊，下午祝谌予跟随施今墨外出诊病，晚间听周介人等老师讲解《黄帝内经》、《难经》、《伤寒论》、《金匮要略》等中医经典著作。日复一日，风雨寒暑从未间断。原来爱玩、爱热闹的孩子王，入师门后变成了好学的读书郎。一年里，除春节期间施今墨停诊外（因有“过年不吃药，吃药吃一年”之忌），祝谌予总是白天兢兢业业侍诊于侧，晚间在家秉烛夜读，直至深更半夜。兄弟姐妹们曾见他晚间于房里口中喃喃自语，俯仰闭目，背诵医经如入魔之状。在施今墨指导下，祝谌予还遍览《张氏医通》、《赤水玄珠》、《千金要方》、《千金翼方》、《外台秘要》、《肘后方》、《医贯》、《医林改错》等历代医著。由于学艺至切，祝谌予有时如醉如痴，施今墨心中又爱又痛，不得不出面禁止他这样拼命投入地读书，生怕他用功太甚，日后留下病患。许多年后，祝谌予在给长子祝肇刚的信中写道："当初跟你外公学医时，我从来没有在晚上十一点前睡过觉。"没有发奋苦学，哪得日后成就。

祝谌予在随施今墨侍诊中，发现施今墨总习惯双药并书，细品之，每对药或一气药一血药，或一升药一降药，或一脏药一腑药，或一散药一收药等等，于是留心收集。数年中收集到"药对"百余对，取名"施氏药对"。深研之，发现"药对"皆为古方之精华，如"桂枝、白芍"取自"桂枝汤"，"黄芩、半夏"取自"小柴胡汤"，"桑叶、菊花"取自"桑菊饮"等。施今墨博览群方，广为采集，悉心体会，化为己用，因此在诊疗中能信手拈来，合理化裁，屡见奇效。祝谌予将此心得求教于施今墨，并且呈上自己整理的药对，施今墨阅后大为高兴，因为成对用药乃是施今墨得意之作，但只是在临床习用，尚未抽出时间加以总结，如今祝谌予经过细心观察，耐心收集，精心整理，总结出“施氏药对”奉献给老师，深得施今墨赞赏。施今墨深感祝谌予是位悟性很高的学生，因此倍加喜爱，并精心传授医术给这个聪慧好学的年轻人。

祝谌予深知，施今墨是中西医结合的先驱者和倡导者，他一生致力于中医发展和创新。施今墨早年随舅父、南阳名医李可亭习医，以后接受民主革命思想追随黄兴从事革命活动。中华民国成立后即退出政界，潜心医学，矢志革新中医。早在20世纪30年代，他就明确指出：“吾以为中医之改进方法，舍借用西学之生理病理以相互佐证，实无他途。”施今墨诊病经常在询问病史时很注意西医的诊断；且率先应用西医病名诊断书写医案，用现代医学检测数据来印证治疗效果，指导临床方药。他认为：中医亟宜以科学方法阐明之，沟通之，整理而辑述之。他曾有诗云：“光电声波同位素，也应采取入医经。”在中华人民共和国成立后，施今墨积极倡导并身体力行中西医结合，成为中西医结合的一面旗帜。

作为施今墨的高徒，祝谌予的革新思想愈加坚定。在完成“施氏药对”的整理后，祝谌予又开始对施今墨的医案进行整理。本着完整体现施今墨诊病思路，遵照施今墨的临床用药习惯，他从数万个病案中选择完整病例，再从中挑选典型病例进行编辑；按照西医系统分类，对每个病例加注按语。选编体现了祝谌予对施今墨学术思想的深刻体会和理解，按语起到画龙点睛作用。书中以西医病名为名目、中医辨证治疗为内容的医案汇集，编辑特色为当时之首创。1940 年《祝选施今墨医案》出版，发行后短时间即销售一空。

祝谌予曾在华北国医学院为学生们讲解《祝选施今墨医案》，这一课程成为学生们系统学习施今墨学术思想的入门途径。祝谌予也成为登上华北国医学院讲堂最年轻的教师，被学生们戏称“小先生”。此后多年，这本书一直伴随于祝谌予身旁，常常在紧张的工作之余，仍时而翻阅，温故而知新，依旧能从书中汲取营养，启发思路。

1937年“七七事变”后，祝谌予曾随施今墨至天津，以后便独立应诊。由于熟悉施今墨辨证论治的思路，诊治套路运用得心应手，故疗效颇佳，来诊者日众。然而祝谌予此时感到，自己的辨证论治只是模仿老师的套路，停留在知其然而不知其所以然的阶段，意欲深究医理。在施今墨的支持下，1939年祝谌予东渡日本，入金泽医科大学医学专门部学习西医。

到日本以后，祝谌予起初与其他中国留学生租房同住，但一个多月未过语言关，就毅然租借日本人房屋，和日本人共同居住一起。由于祝谌予勤奋好学，仅用三个月，即可听懂日本教授讲课，可用日文做笔记，顺利度过了语言关。日本的西医教育源于德国教育体系，教学制度极为严谨且重视临床，金泽医科大学诸多的课程，严格的教学制度，使求知若渴的祝谌予如鱼得水，尽施才智，收获甚丰。一次上课，冈本教授带来一位病人，让学生们一个一个上来听心脏的心音。前面几个学生听完后，有的说是二尖瓣狭窄，有的说是二联律，有的说心脏有杂音。轮到祝谌予，他在左胸心脏部位听不到心音，再仔细反复听也听不到，于是说：先生，很奇怪，我听不到他的心音。冈本教授说：你听听他的右胸。祝谌予在病人的右胸听到了心音。冈本教授夸奖祝谌予：你很诚实、认真。这个病人是右位心，临床很少见，医生就要诚实、认真，才能对病人负责。从此冈本教授很喜欢这个中国留学生。留学期间正值日本侵华，中国留学生在日本常受歧视，被视为亡国奴。为争民族之气，祝谌予的学业成绩常居榜首。一次他和中国留学生在海滨游泳，遇日本人欺侮中国留学生，谩骂“东亚病夫”，祝谌予与同学奋起抗争，平生第一次大打出手，使那些日本人再也不敢小视这些中国留学生。

1943年祝谌予毕业前，冈本教授挽留他继续读博士，许诺3年后可以获得医学博士学位，如果以后留在日本工作，一定薪酬丰厚。当时日本侵华气焰嚣张，传闻国内局势也甚不安定，但祝谌予毅然决定当年毕业后立即回国，他说：我是中国人，我的家在中国。

历尽艰辛　春风化雨

回国后经一年多准备，祝谌予在北京北池子大街文书馆胡同悬壶开诊。不久抗日战争结束，国民政府要员四处接收日伪财产，派系纷争，摩擦频繁，民不聊生，延诊者甚少。那时祝谌予已和施今墨长女越华结婚，常得岳父介绍病人及生活接济。祝谌予临诊采用西医检查手段及诊断，以中医辨证施治，疗效甚好。国民政府交通部某公路局局长之子，患有骨结核病，寻治无效，前来求诊。祝谌予借助西医诊断，中西医方法结合进行治疗，始得痊愈。后来该局长调任昆明，特邀祝谌予前往，主持公路局医务室工作。为谋生计，1947 年祝谌予应邀携妻带子举家迁往昆明，任第四区公路局医务室主任。1949 年，昆明物价飞涨，生活维艰，区区工资已经无法维持日常生活。该局长特许祝谌予在下班之后，继续于家中开业诊病，补贴养家维持生计。那时国民政府实行金圆券，货币贬值，人心惶惶，生活无着，没有前途，没有希望。有人劝祝谌予出国或去台湾，祝谌予坚决拒绝，惨淡经营，艰苦度日，直到中国人民解放军进入昆明。

中华人民共和国成立后，祝谌予任中国交通部第三公路工程局医务室主任。此后工程局受命修筑昆（明）（打）洛国防公路，祝谌予任筑路医院院长，率医疗队随筑路大军前往。筑路大军由解放军、筑路民工组成，这条大致沿茶马古道修筑的公路，沿途多为原始森林，林木遮天蔽日，其间又有山岚瘴气、毒虫猛兽，公路日日延伸，医院频频迁址。为保障筑路民工的身体健康，祝谌予和各诊疗所的同志们克服交通不便、医疗器械缺乏、药品短缺等困难，采用验方、草药，中医、西医各种方法，历尽艰辛努力完成任务。艰苦的野外生活，对于出身京门望族、习惯城市生活的祝谌予，不啻是一极大的考验。有时山洪暴发，冲断道路，副食送不上来，只好盐巴就米饭。祝谌予始终与大家同甘共苦，因为他亲眼目睹：昆明在共产党的领导下物价稳定，人民安居乐业，生活得到保障。筑路大军人人心情舒畅，团结一致，解放军纪律严明，不畏艰险。遇到险情，首先保护医生和民工的安全，自己奋勇直前。筑路大军中的干部，总是吃苦在前，关心医务人员，帮助解决困难，万众一心修筑昆洛公路。祝谌予亲身感受到共产党的亲切和温暖，第一次写出了入党申请书。

1955 年，国务院准备组建北京中医学院（现北京中医药大学），需要既会中医又会西医的中医专家，周恩来总理向施今墨问询，施今墨推荐祝谌予。周恩来总理下令，将祝谌予调回北京，担任中国中医研究院“西医学习中医研究班”教学工作。这次学习班的目的，是为培养中西医结合的高级人才及为中医学院培养师资。1957年，祝谌予出任北京中医学院第一任教务长、金匮要略教研组组长。北京中医学院建院初期所聘请的教师，许多是原开业中医，只有带徒经验而无办学、教学经验。那时所授课程为中医四部经典，即《黄帝内经》、《伤寒论》、《金匮要略》、《神农本草经》。当时中医院校没有可借鉴的教学大纲，许多教师不懂课程设置，没组织过课堂教学，也不知事先备课写教案。身为教务长的祝谌予看到这种不符合教学规律的情况，遂反映到卫生部，在卫生部副部长郭子化的主持下，会同上海中医学院、广州中医学院、成都中医学院三所学院的教务长，共商教学计划、统一制订教学大纲、安排课程设置等问题，形成了一套前所未有的中医大专院校教学体系，为系统培养中医人才打下了坚实的基础。

为将北京中医学院办成全国一流的中医学院，祝谌予家虽在广安门内，自己却吃住在位于东直门中医学院的教务处内。那时他的长子祝肇刚考上北京男二中，也和他同住在一起，两张简易行军床并排放置，孩子却十天半个月也见不到父亲面，因为晚上孩子做完作业睡着以后父亲才回来睡觉，而第二天一早孩子醒来，父亲早已起身忙着上班去了。祝谌予身为教务长，行政工作和教学工作都刚起步，事务繁多，他须事必躬亲。他讲课、带学生出门诊，还带学生们到门头沟煤矿区实习，与学生们同吃同住。在为矿区工人、干部、家属诊病时，不怕脏累，认真负责，发挥中医“简、便、廉、验”的特点，将中医理论和临床实践结合起来，使得学生们都有很深刻的印象。祝谌予在讲授《金匮要略》时，本着古为今用的原则，从临床实践出发去讲授，教给学生“以证测方”和

“以方测证”的方法，并以书中方剂在临床上的重复率，说明张仲景认证之准，选药之精，组方之巧，构思之严。然后结合现代临床见症，扩大古方使用范围，使学生们亲眼看到中医学的神奇效用，产生学习中医的浓厚兴趣，坚定发扬祖国医学、献身于中医事业的信心。他的办学指导思想是培养中医，即：中医学院的毕业生出来就是中医师，在临床上能独立应诊，独当一面，能够满足社会的需求。他主张中医学院的学生在入学后就要见习，看老师怎样看病，首先获得感性认识。以后随着学习的深入，渐渐安排实习。在学习的最后一年，要求每一位老师带教两名毕业生临床诊病，祝谌予自己以身作则带教吕景山、吕仁和。现在，这些早期毕业的学生，在全国各地已均为中医骨干，成为弘扬祖国医学的中坚力量。

心系农民　老树新花

一次在协和医院中医科门诊时，祝谌予发现一位患者面容倦怠，一问才知道是一位远郊区农民为了挂号，头天起早从顺义赶来，到医院时号已经挂完，在医院门口等了一天又排了一宿队，才挂上号。祝谌予既感动又歉疚，决定不限号尽量照顾远来的患者。后来他的学生薛福玉表示想在顺义办一所医院，缓解远郊区农民找名医看病难的问题，祝谌予知道后表示大力支持，亲自写信邀请十余位全国著名老中医轮流坐诊。如：李介鸣、刘渡舟、董德懋、肖承悰、翟济生、谢海洲等。在顺义县政府的支持和帮助下，1986 年在顺义县衙门村成立了北京市第一个面向农民的中西医专家门诊部。

祝谌予当时已经72岁高龄，仍坚持出诊，从无延误。1989年门诊部改名顺义国医院，卫生部原部长崔月犁在成立剪彩仪式上称“这是全国第一家民办医院”，并亲笔题下“为农村培养人才，为农民健康服务”14个大字。顺义国医院面向农民，收费低廉，所以运作十分艰难，祝谌予从不收取任何报酬，一直无私地帮助和支持医院，历经十余年风风雨雨，初衷不改，为医院的发展呕心沥血。

名医送医下乡到家门口，这是想都不敢想的事，农民们喜出望外，求诊者纷至沓来。名医高质量的诊疗，细心热情的服务尽显名医风范。医学家也和艺术家一样，“老树春深更着花”，越老经验越丰富，所以名老中医治疗的疑难怪症，更具学术特色。二十几年来，医院本着祝谌予的教导“认认真真诊病，老老实实做人”，在为农民服务的同时，系统记录诸位名医诊案14万份，保存著名医学专家声像资料

5000人次。祝谌予的很多有效验案也保存其中，已经整理出经他治疗的50位糖尿病患者完整声像病历，真实呈现他临床时望闻问切的过程，以及与患者交流的神采，其他病历也在系统整理中。这些资料已成为总结名老医学专家经验、传承中医的宝贵的第一手材料。祝肇刚说：如果叶天士那时有录音，施今墨那时有录像，记录下来，我们现在听录音看录像，有如看到医学大师的风采，有如亲聆教诲，这些录像资料是一笔极其宝贵的财富。鉴于祝谌予对于中医的贡献，北京市中医管理局决定成立“祝谌予名医研究室”，设立在顺义国医院，作为学术传承、人才培养、学术交流的基地。

医德医术　薪火传承

北京协和医院的老楼中，有一间不大的中医科办公室。这里是中医科主任祝谌予的办公室，也是给研究生讲课的教室，还是指导学生写医学论文和回答患者来信的业余工作室，有时还兼做诊室。靠门边的一张木床是祝谌予中午休息和晚上睡觉的地方。旁边书架上放满了医学参考书和医学杂志，办公桌上堆放着文件、文稿、资料、信件……在这里祝谌予和他的同事、协和医院的学生一起，在临床治疗大量糖尿病的基础上，总结出了糖尿病辨证分型标准和施治方药，使临床治疗和临床科研有所遵循，论文于 1982 年发表在《上海中医药杂志》上。后来中医科历届研究生都采用这一分型标准。

在这里培养了大批进修生、研究生、学术思想继承人，为协和医院中医科的发展奠定了基础。

从 1970～1989 年，在东直门内北新仓北京中医学院北门里，有一间非常出名的诊室——那也是祝谌予的家。祝谌予每天在晚饭后带着孩子和家里的学生，在只有 30 平米的家中业余义务诊病不辍。大概算来，总有 5 万余人次之多，却分文不取。病人走后又回答学生问题，很晚了再回到协和医院休息（住房太小，挤不下）。祝谌予对学生提出的问题总是有问必答，倾囊相授。他常说：学生不提问题的有两种，一种是全懂了，一种是全不懂。提问题的说明他动脑筋了，“学问”就是又学又问，我就爱问问题，当然是先经过思考后再问。学习中医理论需要一个循序渐进、登堂入室的过程，但也不能忽视平时对知识的积累。祝谌予主张每次读书勿求于多而求于精，也就是有目的地学习，尤其不懂之处要勤问。祝谌予讲：自己随师侍诊之时，他自备一本手册，凡在施先生治病时，有不理解的地方，只要有机会，祝谌予就会不失时机地向老师请教，如“为何辨为某证？为何使用某方、某药”等，并马上将老师的解答记录于册。日久天长，凤毛麟角也会积少成多，祝谌予为这个小册子起名“零金碎玉”。他侍诊时发现临证中老师很多好的思路，如果抓紧记录下来就可以得以保存，如果当时没有记录，事后再问，老师有时说：“我也想不起来了。”所以祝谌予说：“你坐在那些老师面前，一定要多问；如果你没有问，你就没有把握住这个机会。”他对待中医事业的赤诚，对学生的关怀，深深打动了他的学生们。以下节录一些学生的话语，反映出祝谌予在他们心目中的形象和对他们人生道路的影响。

学生刘莉说：祝谌予老师不仅知识渊博，医术精湛，而且具有高尚的品质和素养，他为人刚直不阿，在众多的病人当中，既有坐高级轿车求诊的，也有坐平板车的平民百姓，祝老师从来一视同仁，无高低贫富之分。当看到行动不便坐平板车来求医的病人，他立即叫大儿子将病人背进诊室，并问寒问暖，实在令人感动。我不仅学到了高深的医学技术，同时也学会了如何做人。

学生王驰、陈薇薇说：先生始终铭记周恩来总理生前要求医生对病人“来者不拒”的教诲，坚持利用业余时间在家设立家庭门诊，就诊对象既有国家干部、知识分子，也有工人、农民和军人。求医患者一律按先来后到顺序排队，即便亲友也是如此。而且完全是义务诊治，分文不取，并无数次地谢绝病人的礼品和礼金。每每送走最后一位病人，先生顾不上一天的疲惫，还要坚持为外地慕名来信、寻医问药的患者一一函复、答疑、处方。当时先生家里的居住条件也不宽裕，结束了晚间的义诊，先生还要返回在医院的住地。然而为了方便患者，诚信于民，无论严冬酷暑，先生都是这么匆匆往返于家庭与医院的途中，义务诊治患者达数万人次。

医科院的学生范爱萍说：那是1994年仲夏的一天，天气格外炎热，我和另外两名同学随祝老出诊，不大的诊室里除了我们4人外还有几名进修生。当时诊室没有空调，只有一台老式电风扇沉重地摇摆着，每个人散发的热量就像小火炉一样包围着祝老。临近中午时分，我们已经是饥肠辘辘，可还有几位病人没有看完。这时匆匆进来一位中年妇女要找祝老，直觉告诉我这是一个要求加号的病人，她可能知道祝老从来不会让病人失望，便直奔诊室。为每一个病人服务，这是我们医生的天职，若在平时，肯定会满足她的愿望。但是天气太热了，何况这位80多岁的恩师已经出诊3个多小时了，实在担心他的身体吃不消，我就把病人请到诊室外，告诉她祝老从早上开诊到现在还没有喝过一口水，下午还要主持农工民主党北京市委的会议，希望她下次再来。也许我们谈话的声音惊动了祝老，也许祝老意识到什么，祝老叫我进来，问是怎么回事。我简单地说明了情况，没想到一向严肃的祝老说了一句“真是阎王好见，小鬼难缠”，用婉转的方式批评了我把病人拒之门外的“善意”，并让我把病人请回来，一丝不苟地为患者治病，直至看完那位中年妇女。祝老仅仅吃了几口方便面，就动身去出席他下午的会议。

祝老不论多么劳累和身体情况如何，从不推诿患者。此外，他还经常利用业余时间为患者诊病，外地病人则以来信必复的方式免费为患者出方。祝老就是这样以他高尚的医德、精湛的医术救治了成千上万的患者，以他的言传身教告诉我们，作为一个医生必须时刻把解除病人的疾苦作为己任。

一滴水能够折射出太阳的光辉，一句话往

往可以反映出一个人的心灵。这么多年过去了，那次随祝老出诊所发生的事，一直深深印在我的脑海中，祝老看似随口而出的一句话，反映出在祝老的心目中治病救人高于一切。作为他的学生，我不仅要继承他宝贵的学术经验，更要发扬他高尚的医德医风。

协和医院的学生梁晓春说：耄耋之年仍然坚持培养研究生并指导继承和整理学术经验，为培养中西医结合人才竭尽全力，真可谓“春蚕到死丝方尽”。

祝老师关心患者，始终以病人的利益为重，“来者不拒”是他的座右铭，把能够为病人解除痛苦作为他生活中最大的乐趣。尽管行政事务缠身，社会活动繁多，但他从未停止过为病人服务，家里、办公室、旅途上、会议休息厅都是他的诊室，到处都有他忙碌的身影。终身为外地患者通信治疗，从不计报酬。直到生命的最后一刻，真正做到了鞠躬尽瘁，死而后已。

作为主任，他老人家为协和医院中医科的发展和建设呕心沥血，建立中医科规章制度，筹备中医科病房，完善实验室工作。使中医科在综合性西医医院有了一定地位，具备了从事医教研工作的基本条件，为我们今天能够成为北京市示范中医科奠定了良好的基础。

作为老师，他老人家对学生严格要求，诲人不倦，临诊总是有问必答，释疑解惑，耐心指导。要求学生先做到“貌似”，进一步做到“神似”。他讲课条理清晰，重点突出，深入浅出，旁征博引，涉猎广泛，声音洪亮，听过老师讲课的人无不交口称赞。工作之余毫无保留地把自己多年的经验传授给学生。晚年还指导研究生、学术思想继承人，培养中医药大学的学生、进修生，可谓桃李满天下。

作为学者，他老人家潜心研究中医理论，不断学习现代医学知识，师古而不泥古，创新而不离宗。从无门户之见，善于汲取各家之精华，学同道之擅长，凡遇有效之方药及独特的见解，都会推敲揣摩，深入研究，验之临床，融各家学说于一体，参以己见，使之更臻于完备。这就是他能够成为杏林典范、医学大师的关键所在。

由于他医德高尚，学验俱丰，1991 年荣获国务院颁发的有突出贡献科学家证书并开始享受政府特殊津贴，1993 年被中国医学科学院授予“协和名医”荣誉称号。

老师一生用平凡积累伟大，用赤诚创造感动，用勤奋矗立丰碑，用智慧成就奇迹。我们将永远怀念他。用老师的精神勉励后学，用老师的医德教育晚辈，用老师的医术造福病人。让生命在医疗战线上闪光，让热血在平凡岗位上播洒，让信念在为病人服务中升华。用我们的成绩告慰老师的英灵，让老师永远含笑九泉。

感激报恩　竭尽全力

1964 年，祝谌予作为第四届全国政协列席代表参加政协会议。一次，祝谌予在大会发言之后和几位中西医大夫在休息厅闲谈，只见周恩来总理和陈毅元帅走来，大家迎上去向总理和陈老总问好，总理和大家一起谈笑风生。其间，总理说：希望你们做医生的，能做到来者不拒就不错了（当时是在国家三年困难时期后的恢复期，有些医生不管候诊病人多少，下班铃一响立即离去，所以总理所言是有所指，也是批评医务界中有些医生的服务态度）。这句话深深印在祝谌予的头脑中，他对“来者不拒”是身体力行的。在协和医院门诊，他一上午诊病最多时达到 110 人次，直看到下午 1 点多钟，去吃饭时食堂早已关门。由于患者太多，他经常面包就茶水当午餐。有时去外地开会，火车上被人认出，于是车厢变成了诊室，一直诊病忙到目的地。1974 年祝谌予患病，需要住院手术，有的患者利用探视前来求诊，祝谌予卧床诊脉，倚枕处方。消息一经传出，利用探视前来求治者络绎不绝，直至住院大夫出面干预，他才得以养息。

全国政治协商会议、北京市政治协商会议、农工民主党、卫生部等组织义诊，祝谌予总是不顾年老体弱积极参加。在燕山石油化工厂，在武警部队驻地，在中山公园，在顺义农村，在王府井百货大楼前……都有祝谌予参加义诊的身影。“来者不拒”成为祝谌予的座右铭。

“烈士暮年，壮心不已”是对祝谌予晚年的真实写照。祝谌予虽年逾古稀，仍对中医事业投以满腔热情，充满蓬勃朝气。每周 7 天都安排得满满的。每天门诊总在 30～50 人次，有时还要给中央领导出诊。祝谌予要给学生讲课，要指导研究生完成课题，要参加北京市政协会议和农工民主党北京市委的会议，要审阅文件材料，要指导学生撰写刊物征稿，要给全国29个省、区、市的患者来信一一答复并处方，要参加政协的视察、义诊和诸多的社会活动，要接待海外人士的访问。往往送他回家的车还在途中，接他去参加另一活动的车已停在家门口等他了……其子祝肇刚表示想学医时，祝谌予曾对他说过：你想当医生，就要有从此没有休息时间的思想准备。确实，祝谌予用自己的一生诠释了他所说的这句话。祝肇刚承袭父业，发挥“认认真真看病，老老实实做人”的医风，祝谌予家学家风已有传人。

随着年岁的增长，有一个愿望在时时冲荡着他的内心，想要成为一名中国共产党党员。祝谌予生于民国初年，在民国时期生活了35年，民族深重的苦难，他感同身受。中华人民共和国成立后到1984年他同样也生活了35年。两个社会两重天的沧桑变化，他也感同身受。几十年来，他取得过成功，也受到过挫折；受到过尊敬，也遭到过冷落。但是为了实现这个愿望，他坚持努力，不懈追求，虽然屡遭挫折，却从没有动摇过。1985年对祝谌予来说是人生中最重要的一年，在他71岁时，终于实现了成为一名中国共产党党员的愿望。

1999年4月15日，85岁高龄的祝谌予在海军某部中医门诊部出诊，就诊的病人排成长队，当诊完20多人时，他几乎抬不起头来，艰难地用手搭脉，只能低着头口述处方由学生记录。这是他最后一次门诊。这天上午一共留下了37份门诊病历，这些病历是老人一生中的最后记录。当祝谌予望着最后一位病人满意地离去后，他只能靠几个人搀扶着站起来，面色苍白、步履蹒跚地走下楼梯。

中午回到家后他又开始发烧，这种状况已

经持续半个月了。“不能再吃退烧药了！”4月18日在家人的强迫下，他才同意住进了协和医院的外科病房，115天，他再也没有从这间病房走出来。“鞠躬尽瘁、死而后已”，是祝谌予为人民奉献精神的真实写照。

坚持辨证论治
倡导中西医结合

对于自己的学术思想，祝谌予曾经撰文阐述："我的学术思想主要是继承了老师施今墨先生的思想，概括起来有两点：一是力倡中西医结合，二是力倡辨证论治。"

祝谌予由于受施今墨的影响以及求学经历的原因，力倡中西医结合。他认为，中、西医各有所长，也各有所短，只有相互佐证和补充，扬长避短，才能发挥中西医结合的优势，提高疗效。他指出："过去中医治病由于客观条件所限，没有或者不懂得用西医化验指标来参照，对疾病的疗效判定只能依据主观症状的改善或消除，实际上是不够完善的。"因此，祝谌予在临证时始终贯彻中医辨证与西医辨病相结合的原则，每遇疑难病症，首先采用西医各种检查手段，明确诊断，然后再进行中医辨证，确立治疗方案，因此疗效卓著。

祝谌予在担任北京中医学院第一任教务长时，承担组织师资、编写教材、安排课程的重任。因为中医自古“子承父”、“师带徒”，没有什么统一的课程，也没有可资借鉴的教材、教具、教法，更没有教学大纲，一切需白手起家。祝谌予参考西医院校的教学模式，组织老师们自己编写教材、安排课时、制订教学大纲。毛泽东主席、周恩来总理曾指示：中医也要学习西医基础课程，以开拓知识。祝谌予坚决贯彻这个指示，主张中医学院学生应当以学习中医为主，在学习中医基础理论和临床课程之外，西医基础也一定要学，目的是培养既能掌握中医药理论，同时又具有一定现代医学知识的中医人才，这个主张经多年的实践证明是正确的。根据社会需求，在以后建立学生的实习基地——附属医院时，涉及到病房管理和急诊抢救，不可避免地遇到了中西医结合的问题。在坚持传统中医还是中西医结合的争论中，中西医结合工作在探索中前进。祝谌予认为，学生毕业后分配到工作单位，如果不懂西医，很难开展工作，也很难与西医交流、合作。再说病患在同一个人身上，中西医的理论虽然不同，但一定会有共同的认知基础，所以祝谌予在教学、临床实践中看到了中西医结合的必要性与可能性，从而一直坚持中西医结合道路。

祝谌予认为，所谓中西医结合有几个必由途径：首先要认真学好中医和西医的基本理论。在此基础上，通过临床实践逐步加深对其理论体系的认识。在中西医结合的过程中，大致上要经历低层次和较高层次的中西医结合实践、进而发展到探索理论上相结合的高层次阶段。

一、低层次中西医结合的实践

（一）中药、西药混用。既用中药又用西药，如张锡纯的阿司匹林加石膏治疗感冒发烧，现在的消渴丸治疗糖尿病等。

（二）中药新用。提炼中药某些成分，依药理选用。如复方丹参滴丸治疗冠心病，愈风宁心片治疗冠心病，川芎嗪治疗血管病，猪苓多糖治疗癌症等。

（三）按中医辨证定方，依现代药理选择药物加减。如气管炎属于风寒袭肺停饮者，可选用“小青龙汤加鱼腥草”等。

在这个层面上的结合有一定疗效，也是临床上被广泛运用的，但是这只是低层次的结合。从这个低层次结合的众多临床中，观察有效病例，总结出规律并且上升到理论，也就是“知其然，更要知其所以然”。

二、较高层次中西医结合的实践

较高层次中西医结合的实践，就是要将西

医诊断和化验指标纳入中医辨证，将西药定性纳入“西药中用”，即用中医理论指导运用中西药物。传统上中医讲求辨证论治，即使以前没有见过的病，只要有症状，就可以辨证，就可以出方。1978 年，协和医院曾经收治 1 例“肺泡蛋白沉着症”患者。这种病在国内外报告不多，协和医院也仅仅见到 2 例。患者于 1978 年 3 月突发高热伴咳嗽，咯痰呈白色泡沫状，每天十余口，胸胁疼痛，疲乏无力，胸闷气短，行路快或者上几层楼即喘甚。发育、营养正常，神清合作，面部皮肤较黑，口唇及指甲轻微发绀，杵状指。两肺可闻及散在干啰音，双肺底可闻及湿啰音，呼吸音较低。胸片显示两肺中下野均有广泛片状浸润阴影，边缘模糊，下野有部分融合，无明显肺间质纤维化及肺动脉高压表现。4 月 10 日开胸做肺活检，病理报告证实为肺泡蛋白沉着症。5 月 6 日开始用肝素、糜蛋白酶溶于生理盐水超声雾化吸入，服活血化瘀中药6剂，病情未见明显改善。6月16日邀祝谌予会诊。症见：咳嗽，白黏痰不易咯出，胸闷气短，两胁隐痛，乏力，纳差，面色不华，唇甲青紫，二便可，舌胖边有齿痕，舌下静脉努张，脉沉细弦滑。辨证为：胸中大气下陷，瘀血阻络，痰浊不化。选张锡纯“升陷汤”为主方加味。

处方：生黄芪、知母、柴胡、升麻、桔梗、当归、川芎、丹参、旋覆花（布包）、海浮石（布包）、葶苈子、生薏苡仁，每天1剂，水煎服。

同时配合西药超声雾化吸入。服药一周后，气喘明显减轻，痰量同前。原方加杏仁，继续服用30剂后，患者饮食增加，行动及上楼亦不气短。7月14日开始慢跑锻炼，7月26日以后，每天清晨可慢跑3000米。肺功能已经改善。胸片复查：肺内阴影无显著改变。由于病情平稳，患者于1978年7月27日带方出院。

处方：生黄芪、党参、知母、桔梗、柴胡、升麻、旋覆花（布包）、黛蛤散（布包）、冬瓜子（打）、紫菀、杏仁（后下）、白前。每日1剂，水煎服，服到自愿停药。

此患者出院一年后随访，病情稳定。此病例西医治疗经验很少，中医亦无此病名。但是由于中西医结合进行治疗，通过中医辨证论治和西医对症用药，最后取得明显疗效。祝谌予认为，对于一些少见病和疑难病症必须中西医结合，共同探讨治疗途径是大有可为的。由于中国的历史和中国的国情，纯中医或纯西医都有它的局限性，中西医结合展现了光明的前景。中医、西医互相配合，取长补短，有利于发挥各自优势。只要我们坚持中西医结合的方针，就一定能使祖国的医疗事业得到进一步发展，具有更光明的前景。

对一些没有症状的疾病，比如“糖尿病”初发阶段，平时并无任何症状，只有在体检时才发现血糖增高。传统中医对此便无证可辨，也无方可出。祝谌予将西医诊断和化验指标纳入中医辨证。“空腹血糖高”，考虑是胰岛素分泌不足，其原因可能是周围炎症浸润，造成胰岛细胞受损，不能正常产生胰岛素；也可能是机体自身的免疫识别出现问题，抗体攻击胰岛细胞所致。祝谌予从清热和活血方面去治疗，临床有很好的疗效。“餐后血糖高”是胰岛素受体数量减少或者胰岛素受体灵敏度降低，以致胰岛素不能充分发挥作用。祝谌予选择从健脾燥湿去治疗，就可以将血糖降下来。再如，祝谌予曾治疗咳嗽患者，最初有小效。经查血象，白细胞分类中嗜酸细胞较多，祝谌予考虑这类咳嗽是过敏诱发所致，就选用中药处方“过敏煎”，加入到宣肺止咳的治疗方药中，取得了很好的疗效。而消炎药（抗生素）基本上属于寒性药物，常用于热性炎症中，只要参与辨证论治，也能取得很好疗效。

在这个层次上，将西医的检查结果纳入中医的辨证之中，丰富了中医的辨证论治，扩大了中医的治疗范围，促进了中医的发展。

三、高层次中西医结合的实践——理论上结合的探索

理论上的中西医结合比较困难，近些年很多专家学者进行了大量探索。如针对中医阴阳学说，通过内分泌、生物细胞学等多方面研究，可以得知阴阳并不是虚无缥缈的。邝安堃研究证明：激素的对抗与阴阳学说、激素的反馈与五行学说极为相似，他将内分泌学比作中西医结合的桥梁，为医学界所瞩目。又如中国医学科学院修瑞娟从事的血液微循环的研究，揭示了红细胞在毛细血管中的运动形态（变形、集聚）和血液流变的规律。祝谌予运用于观察糖尿病患者的微循环，发现一部分糖尿病患者有微循环障碍，血流有异常改变，据此辨证为血瘀证；用活血化瘀法治疗，不但微循环障碍解

除，血糖也降下来了，因而走出了一条以活血化瘀法治疗糖尿病的新路。李振中根据祝谌予提出的活血化瘀治疗糖尿病的理论以及筛选的药物，发展了糖尿病视网膜病变（糖网病）的理论与治疗。可以看出，以现代科学对中医理论进行研究是大有可为的，中西医理论的结合也是很有探索价值的，也对医生提出了更高的要求。

祝谌予认为，中西医结合无论是对中医还是对西医，无论是临床或理论，以及对医学的发展，都有着深远的意义。因此祝谌予主张：我们应当消除中、西医之间及各门派之间的不理解和不信任，加强医学界的相互学习和相互交流。同时身体力行，在制订中医糖尿病诊断及分型标准时，曾与西医糖尿病专家池芝盛商讨并共同研究，为中西医结合做出榜样。中国的医学发展，不能完全照搬外国模式，我们要充分利用中医学的宝贵理论和临床经验，加强团结，统一协调，互相取长补短，创出有中国特色的医学理论与治疗法则，为中国人民和世界人民解除病痛，这是医生的天职。所以倡导中西医结合，推动中西医结合，坚定不移地走中西医结合道路，是时代赋予我们的历史使命。

中西医结合同时坚持辨证论治也是祝谌予的学术特点之一，祝谌予曾说："中西医结合勿忘辨证论治，否则中西医结合就沦为一句空话。"祝谌予认为，辨证论治是中医的特色。现代中医必须坚持辨证论治，并不断提高辨证论治的水平。所谓辨证，就是寻找病因病机及治疗规律的过程。临床中有些疾病辨出几个证型，根据证型的不同拟出不同的方子治疗，这就是这种疾病的治疗规律。因此，要辨证与辨病相结合。什么是病？即人体阴阳失去平衡，脏腑经络机能出现太过与不及。太过，就会产生实证、热证；不及，就会产生虚证、寒证。中医治病就是调节这种太过与不及，使之趋于平衡。中医治则中的寒者热之、热者寒之、实则泻之、虚则补之就是这个道理。如对黄芪，有人认为是升压药，其实黄芪具有双向调节作用，不是单纯的升压。补中益气汤也可以治疗许多高血压的病人，把血压调节到趋于正常。所以中医一定要辨证施治，临证时一定要用中医理论来指导。如有一汗出不止的病人，屡用玉屏风散及其他止汗药无效，祝谌予就根据'汗为心之液'的理论，用养心阴的方法治疗，效果很好。这就是用中医理论指导来进行辨证。因此要提高辨证论治水平一定要很好地掌握中医理论。祝谌予认为，临床治病不能只追求"验方"、"特效方"，再根据所谓的"验方"、"特效方"或"现代药理研究"进行片面治疗，应在辨证的前提下使用，正确对待"验方"，灵活运用才会奏效。人之体质不同，病因不同，病之轻重不同，病程长短不同，这些不同因素，要用不同的方法去解决，运用中医理论，采用因时、因地、因人的辨证治疗，才能达到药到病除的效果。

创活血化瘀新方法治疗糖尿病

祝谌予认为:“由于历史条件的限制，王清任《医林改错》中所讲的脏腑、气管、血管，与现代解剖学讲的也不一致。王清任如果生在现代，以他的疑古、革新的精神必然会有更大的成就。在那个不能解剖人体的时代，王清任能亲自去看小儿的尸体，去刑场目睹剐刑者的脏腑，这比有些人只搞文字游戏，空谈理论，不重视实践，要强得多。王清任所创制的以逐瘀命名的六个逐瘀汤及补阳还五汤至今仍在临床上使用，并且疗效满意，在临床上经得起重复……有人认为王清任离经叛道，我说王清任的创新精神是值得钦佩和学习的。”

祝谌予在王清任活血化瘀学说思想的影响

下，在临床多种疾病的治疗中灵活运用活血化瘀法。

一是治疗脑血管病。

靳某，是张家口教育局领导，中风后来到北京各大医院治疗无效，也请过许多名医效果不显，最后托朋友找到祝谌予。见到祝大夫时他说：北京的医生应该是水平最高的，我已经在北京各个大医院看过了都无效，现在找到你，如果再治不好，我就灰心了，不治了。祝谌予回答说："什么病，你只要去治，就叫可治之症，不去治，就叫不治之症，我会尽力给你治疗的"。他的脑CT片显示，左脑有软化灶，周围有浸润。患者拿出以前服用过的方剂，多是小续命汤加减和左归丸加减。祝谌予分析：靳某以前求治的医生，多是依照古籍中从痰论治或是从肾虚论治。古代医家认为中风的发病机理是：痰迷心窍，血虚生风，肾虚等。祝谌予经常读唐容川的《血证论》、王清任的《医林改错》，读得深刻，理解得透彻，对血瘀及活血化瘀有自己的心得体会。同时参考西医的CT片，分析此为脑血管梗死所致脑软化。于是选用活血化瘀的方剂进行治疗，选择补阳还五汤加味。患者初起除右半身不遂外，尚有命名性失语，服汤药3个月后，肢体功能逐渐恢复，可以自己步行来诊，于是改成丸药服用。半年后完全康复，恢复工作，可以连续作报告2个小时。复查CT片：左脑软化灶依然存在，周围浸润已无。祝谌予将活血化瘀治疗半身不遂（中风）经验介绍给学生后，协和医院的学生曾收治一位半身不遂的病人，遂用活血化瘀药物进行治疗，选用桃红四物汤及全蝎、蜈蚣等药物，服用一周未见效果，请祝谌予会诊。祝谌予仅在处方上加生黄芪30g，服药后即见效果。学生问：为什么您讲过用活血化瘀治疗半身不遂有效，这个病人也有血瘀症状，我们选用活血化瘀药物却没有效果？祝谌予说，中医理论：“治风先治血，血行风自灭。”如果只用活血药物，血只是活动而已，血活而未行。中医理论还有：“血为气母，气为血帅，血随气行。”血活起来以后，必须有动力才能循行，这个动力就是气，所以宜加补气药，活起来的血就能按经脉循行了，而起到活血化瘀的作用。祝谌予讲：你只有在临床实践中才能深刻地理解中医理论，反之，如果以理论解释理论都是空洞无力的。

二是治疗心血管病。

冠心病是冠状动脉粥样硬化性心脏病的简称，临床表现的症状属于中医血瘀的范畴。祝谌予用中西医结合的理念来解释发病机制，并且指导临床实践，自创“葛红汤”治疗冠心病。缓解心绞痛、心慌、口干、汗出等症状，效果很好。祝谌予说：“方中以葛根通络化瘀、生津润筋为君；红花、丹参，活血养血为臣；当归、赤芍、川芎、羌活、菊花养血和营，通督脉，息肝风为辅（佐），生脉散益气生津固本。全方既有化瘀定痛、益气养阴之功，又无耗气伤阴之弊，较单用活血化瘀为优，适宜于长期服用。”并又云：“葛根、川芎、丹参、羌活、菊花等经药理研究证实，均有扩张冠状动脉，改善心肌供血的作用。”是以本方攻补兼施，补通并用，不失为一活血通脉（经），益气生津（扶正）之良方。

赵某，女，70 岁，退休工人，门诊病历，1992 年 2 月 28 日初诊。主诉患冠心病八年，心前区疼痛两个月。自确诊为冠心病以来，经常有心绞痛发作。1991 年冬季以来，其发作频繁，几乎每日均发，曾住院一个月予消心痛、心痛定等口服西药治疗，效不明显，因之来诊。

现症见心痛彻背，每日均发，劳累或活动后尤甚，伴胸闷憋气，后背燥热，口干苦，纳差腹胀，呃逆反酸，心悸多梦，大便干燥。舌质暗红，舌下络脉青紫努张，脉沉弦。

辨证：心脉瘀阻，胸阳不振，气阴不足。

治法：活血通脉，宣痹止痛。

处方：葛根 15g，红花 10g，川芎 10g，当归 15g，赤芍 15g，丹参 30g，菖蒲 10g，郁金 10g，羌活 10g，菊花 10g，全瓜蒌 20g，薤白 10g，柏子仁 10g。每日 1 剂，水煎服。

3 月 13 日复诊，药后心绞痛程度及发作次数明显减轻，夜能安卧，大便通畅，消心痛由每日 3 片，减至每日 1 片。仍感胸闷腹胀，心悸憋气，后背燥热。守方加木香 10g 继服。

4 月 24 日三诊，心绞痛、胸闷、燥热悉退，已停服消心痛。但晨起活动后心慌、气短。舌红暗，脉弦细。此心脉瘀阻暂畅，但气阴不足需补，故于方中加生脉散以益气养阴。

处方：党参 10g，麦冬 10g，五味子 10g，柏子仁 10g，葛根 15g，丹参 30g，菖蒲 10g，郁金 10g，羌活 10g，菊花 10g，木香 10g，陈皮 10g，桔梗 10g，枳壳 10g。每日 1 剂，水煎服。

6 月 12 日四诊，病情稳定，能操持一般家务，但过劳后仍有轻度心区疼痛，乏力。守上方去木香、陈皮、桔梗、枳壳加生黄芪 20g，酸枣仁 15g，生山楂 15g。再服 1 个月，诸症告愈，原方加当归、川芎、全瓜蒌、薤白、木香等配制蜜丸常服，以竟全功。

本案冠心病者，年已古稀，心脏气血阴阳俱为不足。《内经》云："心主身之血脉"，"心藏脉，脉舍神"。若气血不足，则心主无能，其脉不畅，不通则痛；血不养神，则心悸多梦。病久气阴耗伤，则津亏燥热内生，故口干苦、燥热便秘生焉。祝谌予依证，标本缓急，分步施治，急则治标，先以葛红汤去生脉散加菖蒲、郁金、瓜蒌、薤白、柏子仁，活血通脉，宣痹通阳，解除心痛之苦；后则以葛红汤加桔梗、枳壳、木香、陈皮、黄芪、酸枣仁、生山楂等以益气养阴，活血行气，标本同治。终配丸药而坚持标本同治，巩固疗效。堪称标本缓急论治之佳案。

三是创活血化瘀法治疗糖尿病。

1975年祝谌予调到首都医院（现北京协和医院）任中医科主任。主要从事临床及科研工作。他看到糖尿病是常见病、多发病（我国糖尿病城市普查发病率在百分之一），对人民健康危害很大，许多患者终生依赖胰岛素，有的人甚至丧失工作能力，卫生部已将糖尿病列为重点疾病之一，于是祝谌予选择了“中医药治疗糖尿病”为科研课题，并开设中医治疗糖尿病专科门诊。

在继承施今墨治疗糖尿病经验的基础上，祝谌予又进行了新的探索。最初祝谌予将西医确诊的糖尿病通过中医辨证分为：气阴两虚型、阴虚火旺型、阴阳两虚型。但经过临床系统观察，发现有气虚见证者达90％以上，有血瘀见证者达70％以上，阴虚见证者亦占相当比例。有一次，一位糖尿病尿中毒昏迷的患者，头摇、身摇，经西医镇静治疗均无效，仍昏迷身颤，祝谌予根据临床表现进行中医辨证，用活血化瘀法治疗，选用当归芍药散加味，效果很好，这例病例对祝谌予启发很大。临床中他继续观察糖尿病患者的血瘀症状，如舌质紫暗或淡暗，舌边有瘀点或瘀斑，舌下静脉黑紫努张，面部瘀斑或色素沉着，下肢麻木或疼痛，指甲色泽紫暗，耳廓色晦暗萎缩等。同时根据病理解剖，发现有70%的糖尿病患者，死于心血管病变的各种并发症，其中半数以上有动脉粥样硬化，也有微血管病变（毛细血管基膜增厚）导致的微循环异常。这些均说明糖尿病的“血瘀”是有病理依据的。祝谌予与中国医学科学院基础研究所修瑞娟合作，从观察甲皱微循环入手，通过实验室试验和采用血液流变学监测，发现糖尿病患者的甲皱微循环呈现血循环障碍，血液黏稠度明显高于正常人，采用活血化瘀方法治疗后，临床观察到当糖尿病症状减轻时，甲皱微循环也得到了改善。于是祝谌予在施今墨降糖对药的基础上，又加入了葛根、丹参，形成新的降糖对药，自拟了“降糖活血方（木香10g，当归10g，益母草30g，赤芍15g，川芎10g，葛根15g，丹参30g，苍术15g，玄参30g，生地黄30g，生黄芪30g）”，根据糖尿病的具体证候，灵活辨证运用。以血瘀为主症的，可以降糖活血方为主方加减。糖尿病并发有血瘀症的如半身不遂、脉管炎等，可用降糖活血方、补阳还五汤、血府逐瘀汤等相互配合，加减运用。总之，必须牢牢掌握在辨证的基础上，运用活血化瘀法治疗糖尿病才能取得较好的效果。为此，祝谌予进一步总结出：气阴两伤、脾肾虚损、气虚血瘀是糖尿病发病的基本机制。在糖尿病分型上除已有的气阴两虚、阴虚火旺、阴阳两虚型外，尚应增加气虚血瘀型。活血化瘀治疗糖尿病在历代中医文献中未见记载，临床运用此法，部分患者（有血瘀见症者）取得了很好疗效，也使部分久用胰岛素的患者，胰岛素减量以至停用。可见，通过祝谌予临床实践研究说明，糖尿病已不再是“不治之症”了。

病案一：刘某，男，67岁，干部。1978年9月14日初诊。患者于1968年患糖尿病，症见多饮、多食、多尿。查空腹血糖在200mg以上，尿糖（＋＋＋＋）。服用D860、优降糖、降糖灵等，食控6两左右，病情基本控制，有时反复。1976年并发冠心病。4个月以前查空腹血糖290mg，而加用胰岛素每日32U。近日三多症状明显，食控在5两；面部发麻，浑身乏力，口腔溃疡，大便干燥，舌红暗，脉沉细。辨证为气阴两伤，血脉瘀阻。以降糖活血方加减治疗。

处方：生黄芪30g，山药15g，苍术15g，玄参30g，葛根30g，丹参30g，茜草15g，川芎10g，当归10g，赤芍15g，益母草30g，广木香10g，天花粉30g。每日1剂，水煎服。

同时继续运用胰岛素每日 32U，皮下注射。优降糖每日 7.5mg、降糖灵每日 75mg。治疗 3 个多月，服药 100 余剂，症状基本消失，病情稳定，复查空腹血糖正常，24 小时尿糖定量阴性。胰岛素用量逐渐减至每日 8 个单位。1979 年 1 月因病情反复，胰岛素增至每日 20U，但在守方服药 6 个月后，胰岛素逐渐停用，复查空腹血糖 120mg，24 小时尿糖定量阴性，遂将汤剂改制丸剂常服，以巩固疗效。

病案二：王某，男，20 岁，1981 年 1 月 22 日初诊。食多、饮多、尿多 1 年余，未予重视。3 个月前因头晕来协和医院急诊。查血糖 706mg，尿糖（＋＋＋），酮体强阳性，诊为糖尿病，即用胰岛素治疗，每日 60U，病情未能控制，尿液中经常出现酮体，身体极度虚弱。患者来中医科门诊当时症状：饥饿感强，食控 7 两，口微渴（日饮水 1500ml），乏力，气短，自汗，唇暗，舌质紫暗，舌下静脉青紫，舌苔白微腻。证属阴阳两虚并血瘀。初服益气养阴药两个月，效不明显。现症畏寒、肢冷，余症同前，遂用降糖活血方加减治疗。

处方：生黄芪 30g，生熟地各 30g，葛根 15g，丹参 30g，桂枝 20g，制附片 10g，云茯苓 30g，牡丹皮 20g，泽泻 10g，山药 10g，五味子 10g，桑寄生 30g，鸡血藤 30g，淫羊藿 12g，菟丝子 30g，枸杞子 10g，菊花 10g。

服中药时暂未停胰岛素，两周后四肢转温，舌瘀之象亦轻，尿酮体（一），24 小时尿糖定量 25g。原方加水蛭 15g、五加皮 15g 以加强活血化瘀之力。继服 2 周后，24 小时尿糖微量。以后仍以降糖活血方为主加减治疗一年余，逐渐将胰岛素减量至停用，各项化验指标正常，余症皆除，现已参加工作。

古方今用　独具匠心

古方如何今用？祝谌予将现代医学的医理、药理纳入中医的辨证内容来考虑，循此方针，就可以使古方为今所用。祝谌予逐渐扩大一些古方的应用范围，均获良效。

祝谌予所指的古方基本上是“经方”，即张仲景所著《伤寒论》及《金匮要略》中的方剂，同时也有古代医家的名方。在中医学两千多年的发展过程中，历代医家对这些方剂的运用积累了丰富的经验，如何将古方为今所用，这是祝谌予时常思考的问题。

祝谌予认为，中医的古方，离我们很远，无论是地域、环境、气候以及疾病，古今无法比拟。对于古代经典方的运用，不能照搬照用，更不能把它们当成“特效方”运用。必须要辨证与辨病相结合，抓住古方核心的要素，为今天的临床疾病所用。

如：桂枝汤（桂枝、芍药、甘草、生姜、大枣），此方为方剂之祖，为《伤寒论》开篇第一方。《伤寒论》的原文“太阳病，头痛，发热，汗出，恶风，桂枝汤主之。”桂枝汤是治疗太阳表证、调和营卫的方剂。祝谌予根据临床观察认为，桂枝汤的和营卫实际上是和脾胃。从现代药理研究来看，桂枝含有桂皮油，具有增强消化功能、排除消化道的积气、缓解胃痉挛性疼痛的作用，还具有增强血液循环的作用。白芍对中枢神经系统有抑制作用，对胃及子宫平滑肌的张力和运动有抑制作用。甘草有保护胃黏膜作用。这些药都与消化功能有一定关系。因此祝谌予结合中药药理认为，桂枝汤不是发汗剂而是强壮剂。

临床用桂枝汤治疗虚人外感风寒效果卓著。

祝谌予曾用来治疗夏日穿棉衣的病例。1971年8月，祝谌予时在河北玉田县带学生实习。某日有骆某来诊，其人年50余岁，为玉田县某公社干部，时届盛暑仍着棉衣棉裤。据云，极畏风寒，自汗时时，汗出畏风愈甚，脱去棉衣即感风吹透骨，遍身冷汗，因而虽盛暑亦不敢脱去棉衣，深以为苦。问其平素纳食少，乏力倦怠，其他无不适。祝谌予诊为正气虚弱，营卫失调，予桂枝汤5剂。5天后患者骑自行车来复诊，告之已不畏风，且已脱去棉衣改穿夹衣，汗亦减少。嘱继服3剂。约半月后带另一病人前来，进门即说："我就是夏天穿棉袄的人。"是时已着单衣裤，并且说已不畏风，也不自汗了。可见桂枝汤和营卫调阴阳，治疗虚人外感风寒，其中强壮体质的作用，不可忽视。

桂枝加芍药汤，亦出自《伤寒论》。原文："本太阳病，医反下之，因而腹泻时痛者，属太阴也，桂枝加芍药汤主之。"祝谌予根据桂枝加芍药汤方主治证候，结合临床实际，用此方治疗结核性腹膜炎、慢性结肠炎、久痢及平常脾胃虚弱，阴液不足，大便干结，粪下如球者，效果显著。

固某，男，62岁。1970年3月患急性肺炎入院治疗，1个月后痊愈出院。此后体力衰弱，纳食甚少，每日不过4两左右，大便经常10余日一行，或服番泻叶，或用开塞露始能解下大便，皆如球状，颇以为苦。1972年9月初诊，主诉：纳少腹胀，大便难解，每解如球状。查患者体质瘦弱，唇暗，口干但不多饮，舌质红，脉沉细。辨证为大病后阴液大伤，肠枯不润。拟桂枝加芍药汤加味。处方：桂枝9g，白芍30g，甘草6g，红枣5枚，生姜3片，当归15g，肉苁蓉30g。6剂。二诊：服药1剂，次日大便即下，腹不痛，胀亦消。连服6剂。每日均有大便，但量不多。食欲增，精神好。遂将原方加5倍量，研细末，炼蜜合为丸，每丸重 9g，早晚各服 1 丸，以巩固疗效。

黄芪建中汤，出自《金匮要略》。原文："虚劳里急，诸不足，黄芪建中汤主之。"祝谌予运用此方治疗许多虚劳病，如体弱无力、消化力弱、体虚自汗、反复感冒者。也用于有虚寒症的溃疡病，或淋巴结核未溃破或已成瘘管者，以及肛门周围炎。对于体虚下肢溃疡或手术创口久不愈合者尤其好用。

例如：郭某，男，40 岁。1963 年 8 月初诊，主诉为患下肢溃疡已 4 年，诸方治疗无效，经友介绍来诊。检查双下肢：左下肢皮肤黑紫，面积较大，内踝上 7cm 处糜烂一片，出黄水。右下肢皮肤暗褐，无溃疡面，疼痛而痒，行走时为甚。除纳食少、乏力外，无其他症状。舌质淡暗，脉沉细。诊为气虚血瘀，经络瘀阻。

处方：黄芪 24g，桂枝 15g，赤白芍各 15g，生甘草 6g，刘寄奴 12g，鸡血藤 24g，苏木 9g，牛膝 9g。6 剂。每日 1 剂，水煎服。

二诊：服药2剂疼痛反而加重，溃疡面上出水甚多，服至6剂疼痛减轻，仍流黄水。守方10剂，另加外用药：大黄、黄柏各30g研细末外敷。

三诊：服药10剂，疼痛大减，走路亦不觉胀痛，溃疡面已不出黄水，但痒甚。原方加荆芥穗、防风各10g，再服10剂，外用药不变。

四诊：溃疡面已平复，不出黄水，皮肤颜色自四周转淡，基本不痛。原方再服20剂，外用药面调香油如糊状外敷。

五诊、六诊、七诊均照原方服用，溃疡面愈合。右下肢皮肤恢复如常，左下肢皮肤转为暗褐色，面积缩小至3横指大。除有时皮肤轻度瘙痒外，余无不适。总计治疗两个半月基本痊愈，以后将原方改为丸药常服。

小柴胡汤（柴胡、党参、黄芩、半夏、生姜、大枣、甘草），出自《伤寒论》。原文："……往来寒热，胸胁苦满，默默不欲饮食，心烦喜呕……身有微热，或咳者，予小柴胡汤主之。”此方是和解少阳半表半里的方剂。祝谌予在临床中除凡见小柴胡汤证用小柴胡汤治疗外，还常用此方治疗肝、胆、胃的一系列疾病，如肝炎、胃炎等，以及中耳炎、耳下腺炎、鼻炎、鼻窦炎、淋巴结炎、肺炎、胸膜炎、急性肾炎等。有时临床常见某些年轻人突然身起荨麻疹，祝谌予认为这可能是肝炎的一种表现，他也曾用小柴胡汤进行治疗而取得满意效果。治疗肝炎时，在小柴胡汤的基础上可加蒲公英、板蓝根、连翘、茵陈；急性期，方中党参不用。

葛根汤（葛根、麻黄、桂枝、生姜、炙甘草、白芍、大枣），亦《伤寒论》方。此方原治太阳中风表实，兼见项背强直之证。用来治疗急性中耳炎、顽固性腰痛，尤其是产后受风腰痛，病程短者效果较好，病久者由于邪已入血入络，则效果较差。同时还用来治眼肌麻痹的复视，面神经麻痹、中风口不能张开，急性风湿性关节炎、风湿热、脉管炎、半身出汗另外半身不出汗、坐骨神经痛、肩周炎等。治疗鼻额窦蓄脓时，可加生石膏、大黄。

赵某，女，32 岁。1977 年 9 月 3 日初诊。主诉为产后 10 天，6 天前因感受风寒，突然右侧肢体运动失灵。经针灸治疗未见显效，现右手不能握物，右腿行走不便，纳食尚佳，大便秘结。脉弦细，舌淡有齿痕，苔薄白。证属产后体虚，复感风寒，邪阻经络。“急则治其标”，先散寒通络、活血祛风。方选葛根汤加味：葛根 25g，炙麻黄 6g，桂枝 15g，白芍 15g，钩藤 25g，丹参 15g，鸡血藤 30g，甘草 6g，海风藤 10g，络石藤 10g，威灵仙 12g。4 剂。

二诊：服上方 4 剂后，腿已能行走，但出汗较多，大便仍干。舌、脉同前。仍宗前法，去麻黄加生黄芪 25g 以益气固表。服 7 剂。

三诊：患者自诉服上方后右手已能握物，但纳食不佳，产后已近 1 月，恶露未净。舌淡暗有齿痕，脉沉细。上方去鸡血藤、丹参，加黑芥穗 10g，桑寄生 15g，狗脊 15g，以加强补肝肾之力。再进 10 剂。

9 月 28 日第四诊时，肢体活动基本正常，诸症皆除，唯略感乏力。舌脉同上。料邪已去七八，经脉已通。“缓则治其本”，改用独活寄生汤加减，以益气血、补肝肾、通络祛风为治。桑寄生 30g，羌、独活各 10g，秦艽 10g，防风 10g，生、熟地各 10g，细辛 3g，川芎 10g，赤、白芍各 15g，当归 10g，桂枝 10g，追地风 10g，茯苓 15g，牛膝 10g，海风藤 12g，川断 12g，党参 10g，络石藤 12g，甘草 6g。

黄芪桂枝五物汤（黄芪、桂枝、芍药、生姜、大枣），《金匮要略》方。原文：“血痹阴阳俱微，寸口关上微，尺中小紧，外证身体不仁，如风痹状，黄芪桂枝五物汤主之。”此方原来用于治疗由于营卫气血俱虚，阳气不足，阴气涩滞而出现的肢体麻木不仁的证候（即血痹）。血痹一般仅有肌肉麻痹而无痛感，如受邪较重，亦可发生疼痛，所以说“如风痹状”。本方系桂枝汤去甘草，即用桂枝之辛温以通达四肢，不宜用甘草之甘缓故而去之，加黄芪益气以推动血液运行。经曰：“气虚则麻，血虚则木。”祝谌予认为，现临床凡见肢体麻木者，均可运用此方。此外尚可用于治疗风湿性关节炎、重症肌无力和脑血管意外后遗症等（当加活血化瘀药）。用于治疗重症肌无力时，方中黄芪可重用至30g或30g以上。

除以上列举的古方，祝谌予用于治疗今病外，尚创拟了归芪建中汤，即《金匮要略》的黄芪建中汤、当归建中汤的合方。用于治疗外科常见的疖、痔、漏等久治不愈之证，以及慢性溃疡性结肠炎等。同时对于手术后伤口久不愈合者，祝谌予还有一个小验方。即吃火腿（宣威火腿或金华火腿），每顿饭吃三四片，可促进伤口愈合，效果很好。这是梁启超告诉施今墨，施今墨又传给祝谌予的。祝谌予用于临床实践。

可见，祝谌予的古方今用，拓展了原方的治疗范围，他将现代医学观点，以及中药药理的研究成果，纳入中医临床的辨证思维方法之中。把古方用活，将古方为今所用，扩大了古方的应用范围，临床疗效显著。这是祝谌予对中医临床思维方法的重大突破。

深研金匮　活用经方

祝谌予认为，由于《金匮要略》乱简太多，所以注家比《伤寒论》少。他在随施今墨学习时用心钻研过《金匮要略》，因见施今墨常用《金匮要略》方治疗疾病，以后他行医时也常用，临床体会比较深刻。祝谌予给学生讲课完全是用临床验证有效的《金匮要略》方剂来讲解，所以既深刻又灵活。举例多从实践中来，接触的病例很多都是现代病名，学生反映很贴切。

祝谌予认为《金匮要略》的源流是：东汉张仲景著《伤寒卒病论》十六卷，后世又称《伤寒杂病论》。学习《金匮要略》要前后联系、对照看，要会归纳和综合。《金匮要略》错简颇多，有的条文有证无方，有的条文有方无证，条文过于简单。如“血痹虚劳病脉证并治第六”篇云：“虚劳里急，诸不足，黄芪建中汤主之”，根本无症状可言，类乎此者颇多，我们就要根据方药来找症状，即以方测证；有的有症而无方，就要从症来选适当的方药；还有的条文不知所云，则就不必牵强附会去解释。常常两篇或多篇用同一方剂者，要把各条方剂之主症对照看，才能了解张仲景用药、用方之意义，体会出其用药的特点；还有的时候，几个方剂都有相同的药物，比如“肺痿肺痈咳嗽上气篇”中论咳喘有射干麻黄汤、厚朴麻黄汤、小青龙加石膏汤之应用，三方都用麻黄、细辛、五味子、干姜、半夏5味药。因此，可以体会出这5味药是张仲景治咳喘病之主要药物，祝谌予称之为“定喘五圣”，临床根据其他症状再加用他药。

学习《金匮要略》要以临床实践为基础，

注意理论与实践结合，不要以“经”解“经”，从理论到理论。如厚朴麻黄汤条文只云：“咳而脉浮者，厚朴麻黄汤主之。”若但从理论来讲，或以经解经，就无法理解此文之主治，临床上也就不会运用。何况有许多错简条文，以经解经则脱离实际，只能是牵强附会，很难以理服人。我们学习时要根据所述主症、分析用药、研究组方，才能体会出张仲景认证之准、组方之严、用药之精。然后根据临床实践所见，扩大《金匮要略》诸方之使用范围。如此才能很好地继承祖国医学遗产，并发扬光大之。若以古人怎么说我们就怎么用，古人没有说我们就不敢用，思想被束缚在本本中，事物就没有发展了。所以学习《金匮要略》脱离临床实践是不行的。从临床实践来看，张仲景所用诸方，历经1000余年，经得起重复使用，足可见其珍贵的价值。“实践是检验真理的唯一标准”，这是至理名言。

学习古医籍既要认真，又要切忌拘泥，并不是字字珠玑，一字不能移、一字不能改。祝谌予很赞赏柯韵伯所云："著书者往矣，期间几经兵燹，几番播迁，几次增删，几许抄刻，亥豕者有之，杂伪者有之，脱落者有之，错简者有之。"所以吾人对中国古籍，不能看作金科玉律，盲目信从。

学习《金匮要略》既不能脱离实践，也不能牵强附会，不能被错简的经文所束缚。《伤寒论》注解者众，《金匮要略》注释者寡，其原因之一就是《金匮要略》错简太多，不易注解，故讲《金匮要略》者颇觉困难。从以上祝谌予对《金匮要略》的论述，已经可以看出他的观点，以下再举一些片段进一步说明祝谌予的认真和实事求是的态度。

祝谌予认为，第一篇"脏腑经络先后病脉证第一"，可以算是全书的绪论，内容很广泛，包括病因、病机、预防、预后、诊法、治则、摄生等方面。对于诊察疾病有较详细的论述，但有关脉学与现在不同，应当从临床实践中去体会。

“肺痿肺痈咳嗽上气病脉证治第七”，肺痿属正虚，肺痈属邪实，咳嗽上气既有虚证又有实证。本篇治咳喘有十方，附方有六首，常用的方有甘草干姜汤、射干麻黄汤、厚朴麻黄汤、麦门冬汤、葶苈大枣泻肺汤、小青龙加石膏汤、炙甘草汤、千金苇茎汤等。治疗咳喘有虚、实、寒、热之分。并且总结出“张仲景定喘五圣：麻黄、细辛、干姜、半夏、五味子”，临床辨证运用效果很好。

“痰饮咳嗽病脉证并治第十二”。本篇主要论述痰饮及由痰饮引起咳嗽之辨证与治法。祝谌予对痰饮认识归纳为“脾虚生湿，湿聚成水，水停为饮，饮化为痰，而痰分寒化（寒痰）、热化（热痰）”。本篇将痰饮分为痰饮、悬饮、溢饮、支饮 4 种，并分类论治。所载苓桂术甘汤、甘遂半夏汤、十枣汤、大青龙汤、小青龙汤、木防己汤、泽泻汤、厚朴大黄汤、小半夏汤、己椒苈黄丸、小半夏加茯苓汤、五苓散以及苓桂五味甘草汤等诸方均为临床常用，治疗胸水、腹水、眩晕、哮喘等多种疾病确有较好疗效。

“黄疸病脉证并治第十五”。本篇将黄疸分为谷疸、酒疸、女劳疸和黑疸论治。所载诸方，如茵陈蒿汤、栀子大黄汤、茵陈五苓散等均为临床常用方。将黄疸病系统论治，《金匮要略》本篇堪称为首，且专列一篇论治，可见我国古代医学对此病已颇为重视。祝谌予于本篇黄疸病之论治，尤推崇茵陈蒿汤、栀子大黄汤、茵陈五苓散、大黄硝石汤等方之用，其谓大黄硝石汤“治疗肝、胆、胰腺急性炎症多有疗效”，栀子大黄汤“治疗急性黄疸性肝炎、湿温病、脂肪肝等颇为常用”。祝谌予对篇中方证不合者，亦如实提出异议。如十四条硝石矾石散方证，认为“从本病之黄疸色黑来看，似乎为后世所说之阴黄。阴黄为寒，应当温肾，但硝石、矾石均非温者，因此能否治阴黄，不得而知。此方我未用过。”对十六条桂枝加黄芪汤之方证又云：“水气篇里是治黄汗方，认为‘方不对证’，以之治黄疸初起发热也不对证。”祝谌予以临床实践为据，实事求是，所言可从。

妇科成为专科，其源远矣，早在春秋战国时代就有妇科，扁鹊就有“带下医”之称。至汉代张仲景亦善治妇科病，《金匮要略》中专载妇人病三篇。妇科病总的来说，分经、带、胎、产四大类。张仲景先论胎前、继论产后，后论月经、带下及妇科其他病。3 篇中有许多方剂是临床所常用者，如桂枝茯苓丸、芎归胶艾汤、当归芍药散、葵子茯苓散、当归散、枳实芍药散、下瘀血汤、白头翁加甘草阿胶汤、半夏厚朴汤、甘麦大枣汤、温经汤、大黄甘遂汤、抵当汤等皆疗效甚佳。

祝谌予临证亦以妇科为长，故于本篇诸条

之注释颇详，尤对妊娠诸病论治方证颇属精当，并广其用，甚合临床实际。如胶艾汤之用，祝谌予说："书中地黄未载用量，我意药量应以地黄为重，川芎最少，川芎可以使胎动，对孕妇尤当慎用。"并且举治子宫内膜异位症及子宫肌腺病、卵巢囊肿验案示之。当归芍药散之用则更云："凡腹中痛均可用"，"如治结核性腹膜炎有腹水疼痛者，方中苓、术、泽则宜重用；治妊娠水肿、先兆子痫、妊娠腹痛时当归、川芎剂量需小，散剂 3 两是适当的；腹痛甚者加炙甘草，甘以缓之。其他还用治疗慢性肾炎、肾性高血压，以及神经官能症……"并举治尿毒症、附件囊肿案示之，尤其治尿毒症案，辨证之准，用方之当，堪称绝妙佳案。

祝谌予治学以尊经不拘、崇古不泥著称，他以临床实践为基础，对篇中当归散"妊娠常服"以及妊娠心气实伤胎之治"刺劳宫及关元"穴等均一一提出"恐非相宜"、"慎之，慎之"

之异议，值得借鉴。

妇人产后病主要为产后三大症（痉病、郁冒、大便难）、产后腹痛、产后中风、产后下利和产后烦扰呕逆等。病因病机上祝谌予认为“产后诸症有虚有实，或虚实兼杂，但总以虚证为多见。”并提出治法上“既要照顾产妇亡血伤津，气血不足之特点，又要注意夹瘀的特点，即重辨证论治，有是证则用是药，当汗则汗，当下则下，当消则消。”篇中所列小柴胡汤、大承气汤、枳实芍药散、下瘀血汤、桂枝汤、竹叶汤、竹皮大丸、白头翁加甘草阿胶汤以及附方当归建中汤之用即属此。所举当归建中汤之治腔静脉栓塞，疗效颇佳。临床多不乏其病者，然其治诚艰，缠绵日久，往往给病人造成极大的痛苦，希望以之为范，以益病家。

妇人杂病篇内容较多，涉及了月经病、带下病、前阴病及情志病等，而其治疗亦颇丰富，有汤、散、丸、酒、膏剂之内治、外治以及针刺疗法等。祝谌予于本篇诸条不仅注释详明，而且颇多个人经验和体会。如 12 条注中云："本书有方名而无药物，据《千金方》所载胶艾汤有干姜，似可应用。我的经验，凡属虚寒漏下不止，在补中升清法中加炮姜炭 10g 或 15g 则有效。"22 条阴吹之治则云："我治阴吹与古人见解不一，多用补中益气汤治之。"又若半夏厚朴汤之用云："除治梅核气外，还用于治疗慢性气管炎、支气管哮喘、颈部甲状腺囊肿等，以及加玄参、牛蒡子或桔梗、甘草治疗慢性咽炎颇佳。"祝谌予对温经汤之用云："可治疗痛经、子宫内膜异位症、功能性子宫出血、继发性闭经、不孕症、习惯性流产等，尤其对更年期功血者出现上热下寒、阴阳失调者疗效颇佳。"其药到病除，立竿见影，可谓妙手回春。

此外，祝谌予对篇中一些条文亦提出异议，如对 11 条提出："可惜，方与证不合，既云虚寒，而旋覆花汤不是治虚寒之方，而是活血方。

我认为方不对证，有的注家勉强为解是不适当的。”并就方中“新绛”一药云：“新绛为何物？注家认识不一，据证分析，可用茜草、红花、苏木之类行血化瘀药代之。”是又可见其严谨求实的治学精神，一以贯之也。诚不愧为一代名医名师之誉。

祝谌予以其来者不拒的胸怀，有容乃大、无欲则刚的气度，认认真真看病、老老实实做人，优异的疗效，良好的口碑，成为了巍巍《中华中医昆仑》中的一员，为后世学习和敬仰的名师。

（撰稿人　祝肇刚　祝　勇）

《中华中医昆仑》丛书150位医家名录

（按生年排序）

张锡纯	丁甘仁	萧龙友	王朴诚	恽铁樵
曹炳章	冉雪峰	谢　观	施今墨	汪逢春
孔伯华	黄竹斋	吴佩衡	蒲辅周	陈邦贤
李翰卿	李斯炽	姚国美	陆渊雷	张泽生
时逸人	张梦侬	叶橘泉	王聘贤	陈慎吾
邹云翔	赵炳南	承淡安	余无言	刘惠民
岳美中	沈仲圭	秦伯未	赵锡武	韦文贵
程门雪	黄文东	赵心波	董廷瑶	吴考槃
章次公	石筱山	陆南山	张赞臣	李聪甫
刘绍武	陈存仁	朱仁康	陆瘦燕	姜春华
韩百灵	高仲山	李克绍	王鹏飞	刘春圃
金寿山	哈荔田	何世英	周凤梧	干祖望
关幼波	王为兰	任应秋	罗元恺	祝谌予
杨医亚	郭士魁	何时希	耿鉴庭	俞慎初

裘沛然	顾伯华	江育仁	邓铁涛	门纯德
刘渡舟	尚天裕	朱良春	李玉奇	程士德
尚志钧	赵绍琴	董建华	米伯让	李辅仁
张珍玉	班秀文	颜正华	于己百	颜德馨
路志正	方药中	王乐匋	黄星垣	谢海洲
余桂清	何　任	王子瑜	程莘农	陈彤云
焦树德	张作舟	张　琪	李寿山	张镜人
王绵之	方和谦	印会河	王玉川	蔡小荪
李振华	马继兴	王嘉麟	宋祚民	刘弼臣
王雪苔	刘志明	吴咸中	李今庸	任继学
裴学义	王宝恩	周霭祥	贺普仁	唐由之
赵冠英	许润三	金世元	陆广莘	刘柏龄
徐景藩	吉良晨	吴定寰	沈自尹	王孝涛
张灿玾	周仲瑛	强巴赤列	张代钊	李经纬
郭维淮	柴松岩	苏荣扎布	陈可冀	李济仁
夏桂成	郭子光	巴黑·玉素甫	张学文	陈介甫